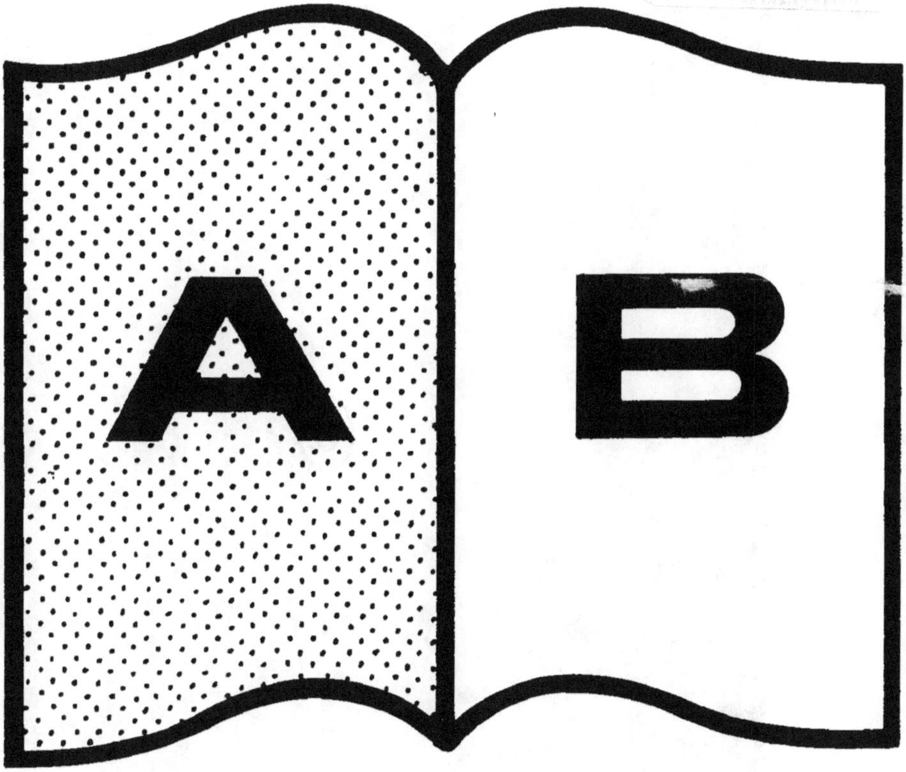

Contraste insuffisant

Y.5344.) Réserve.

Ⓒ

Ye 2314

SATIRES

Du Sieur D***

A PARIS,
Chez CLAVDE BARBIN, au Palais,
sur le second Perron de la Sainte
Chapelle.

MDCLXVI.
Avec Privilege du Roi.

LE LIBRAIRE
AV LECTEVR.

CEs Satires dont on fait part au Public, n'auroient jamais couru le hazard de l'Impreſſion, ſi l'on euſt laiſſé faire leur Auteur. Quelques applaudiſſemens qu'un aſſez grand nombre de perſonnes amoureuſes de ces ſortes d'Ouvrages, ait donnez aux ſiens ; ſa modeſtie lui perſuadoit, que de les faire imprimer, ce ſeroit augmenter le nombre des mé-

Avis

chans Livres, qu'il blâme en tant de rencontres, & se rendre par là digne lui-mesme en quelque façon, d'avoir place dans ses Satires. C'est ce qui lui a fait souffrir fort long-temps, avec une patience qui tient quelque chose de l'Heroïque dans un Auteur, les mauvaises Copies qui ont couru de ses Ouvrages, sans estre tenté pour cela de les faire mettre sous la presse. Mais enfin, toute sa constance l'a abandonné à la veuë de cette monstrueuse Edition qui en a paru depuis peu. Sa tendresse de pere s'est reveillée à l'aspect

AV LECTEVR.

de ſes enfans, ainſi defigurez & mis en pieces. Surtout lors qu'il les a veus accompagnez de cette Proſe fade & inſipide, que tout le ſel de ſes vers ne pourroit pas relever : Ie veux dire de ce *Iugement ſur les Sciences*, qu'on a couſu ſi peu judicieuſement à la fin de ſon Livre. Il a eu peur que ſes Satires n'achevaſſent de ſe gaſter en une ſi méchante compagnie : Et il a crû enfin, que puiſqu'un Ouvrage, toſt ou tard, doit paſſer par les mains de l'Imprimeur, il valoit mieux ſubir le joug de bonne grace, & faire de lui-meſme ce qu'on avoit déja fait malgré lui. Ioint que ce galant Homme qui a pris le soin de la premiere Edition, y a meslé les noms de quelques personnes que l'Auteur honnore, & devant qui il est bien aise de se justifier. Toutes ces considerations, dis je, l'ont obligé à me confier les veritables Originaux de ses pieces, augmentées encore de deux autres, pour lesquelles il apprehendoit le mesme sort. Mais en mesme temps il m'a laissé la charge de faire ses excuses aux Auteurs qui pourront estre choquez de la liberté qu'il s'est

AV LECTEVR.

donnée, de parler de leurs Ouvrages, en quelques endroits de ses Escrits. Il les prie donc de considerer, que le Parnasse fut de tout temps un pays de liberté : que le plus habile y est tous les jours exposé à la censure du plus ignorant : que le sentiment d'un seul homme ne fait point de loi ; & qu'au pis aller, s'ils se persuadent qu'il ait fait du tort à leurs Ouvrages, ils s'en peuvent vanger sur les siens, dont il leur abandonne jusqu'aux points & aux virgules. Que si cela ne les satisfait pas encore ; il leur conseille d'avoir recours à cette

Avis av Lectevr.

bienheureufe tranquillité des grands Hommes, comme eux, qui ne manquent jamais de fe confoler d'une femblable difgrace, par quelque exemple fameux pris des plus celebres Auteurs de l'Antiquité, dont ils fe font l'application tous feuls. En un mot, il les fuplie de faire reflexion ; que fi leurs Ouvrages font mauvais, ils meritent d'eftre cenfurez : & que s'ils font bons, tout ce qu'on dira contre eux ne les fera pas trouver mauvais.

EXTRAIT DV PRIVILEGE du Roy.

PAR privilege du Roi, il eſt permis à Claude Barbin Libraire, d'imprimer un Livre intitulé les *Satires du Sieur D**** Et defenſes ſont faites à toutes autres perſonnes de quelque qualité qu'elles ſoient, de faire imprimer, ni vendre deſdits Livres ſans le conſentement dudit Barbin, ſur les peines portées par leſdites Lettres de Privilege, données à Paris le 6. Mars 1666. Signées par le Roi en ſon Conſeil

LE GROS.

SATIRE I.

AMON ce grand Auteur, dont la
Muse fertile
Amusa si long-temps, & la Cour, & la
Ville :
Mais qui n'estant vestu que de simple bureau,
Passe l'Esté sans linge, & l'Hyver sans manteau ;
Et de qui le corps sec, & la mine affamée,
N'en sont pas mieux refaits, pour tant de renom-
mée.
Las de perdre en rimant & sa peine & son bien,
D'emprunter en tous lieux, & de ne gagner rien,
Sans habits, sans argent, ne sachant plus que faire,
S'en est enfui, chargé de sa seule misere :

A

Et bien loin des Sergens, des Clercs & du Palais,
Va chercher un repos qu'il ne trouva jamais :
Sans attendre qu'ici, la Iustice ennemie
L'enferme en un cachot le reste de sa vie,
Ou que d'un bonnet verd le salutaire affront,
Flétrisse les lauriers qui luy couvrent le front.

Mais le jour qu'il partit, plus defait & plus bléme,
Que n'est un Penitent sur la fin d'un Caresme,
La colere dans l'ame, & le feu dans les yeux,
Il distila sa rage, en ces tristes adieux.

Puisqu'en ce Lieu, jadis aux Muses si commode,
Le merite & l'esprit ne sont plus à la mode ;
Qu'un Poëte, dit-il, s'y voit maudit de Dieu,
Et qu'ici la Vertu n'a plus ni feu ni lieu.
Allons chercher du moins quelque antre, ou quelque roche,
D'où jamais ni l'Huissier, ni le Sergent n'approche ;
Et sans lasser le Ciel par des vœux impuissans,
Mettons nous à l'abri des injures du temps.
Tandis que libre encor, malgré les destinées,
Mon corps n'est point courbé sous le faix des années :

Qu'on ne voit point mes pas sous l'âge chanceler,
Et qu'il reste à la Parque encor dequoy filer.
C'est là, dans mon malheur, le seul conseil à suivre.
Que George vive ici, puisque George y sçait vivre,
Qu'un million comptant par ses fourbes acquis,
De Clerc jadis Laquais a fait Comte & Marquis.
Que Iacquin vive ici, dont l'adresse funeste
A plus causé de maux que la guerre & la peste:
Qui de ses revenus écrits par alphabet,
Peut fournir aisément un Calepin complet.
Qu'il regne dans ces lieux, il a droit de s'y plaire.
Mais moi, vivre à Paris! Eh, qu'y voudrois-je faire?
Ie ne sçai ni tromper, ni feindre, ni mentir,
Et quand je le pourrois, je n'y puis consentir.
Ie ne sçai point en lasche, essuier les outrages
D'un Faquin orgueilleux qui vous tient à ses gages:
De mes Sonnets flatteurs lasser tout l'Vnivers,
Et vendre au plus offrant mon encens & mes vers.
Pour un si bas emploi ma Muse est trop altiere.
Ie suis rustique & fier, & j'ai l'ame grossiere.
Ie ne puis rien nommer, si ce n'est par son nom:
I'appelle un chat un chat, & Rôlet un frippon.

A ij

De servir un Amant, je n'en ai pas l'adresse :
J'ignore ce grand Art qui gagne une maitresse.
Et je suis à Paris, triste, pauvre, & reclus,
Ainsi qu'un corps sans ame, ou devenu perclus.

 Mais pourquoi, dira t-on, cette vertu sauvage
Qui court à l'Hospital, & n'est plus en usage ?
La richesse permet une juste fierté ;
Mais il faut estre souple avec la pauvreté.
C'est par là qu'un Auteur, que presse l'indigence,
Peut des astres malins corriger l'influence ;
Et que le Sort burlesque, en ce siecle de fer,
D'un Pedant, quând il veut, sçait faire un Duc & Pair.

 Ie sçai bien que souvent, un cœur lasche & servile
A trouvé chez les Grands un esclavage utile :
Et qu'un riche pourroit, dans la suite du temps,
D'un Flatteur affamé payer les soins ardens.
Mais avant que pour vous il parle, ou qu'il agisse,
Il faut de ses forfaits devenir le complice,
Et sçachant de sa vie & l'horreur & le cours,
Le tenir en estat de vous craindre toûjours :
De trembler, qu'à toute heure, un remors legitime
Ne vous force à le perdre, en decouvrant son crime.

Car n'en attendez rien, si son esprit discret
Ne vous a confié qu'un honneste secret.
Pour de si hauts projets je me sens trop timide :
L'inceste me fait peur, & je hais l'homicide :
L'adultere & le vol alarment mes esprits :
Ie ne veux point d'un bien, qu'on achete à ce prix.
 Non non, c'est vainement, qu'au mépris du Parnasse,
J'irois de porte en porte étaler ma disgrace.
Il n'est plus d'honneste homme : & Diogene en vain,
Iroit pour en chercher, la lanterne à la main.
Le chemin aujourd'hui, par où chacun s'éleve,
Fut le chemin jadis qui menoit à la Greve :
Et Monleron ne doit, qu'à ses crimes divers,
Ses superbes lambris, ses jardins toûjours verds.
Ainsi de la Vertu, la Fortune se joüe.
Tel aujourd'hui triomphe au plus haut de sa roüe,
Qu'on verroit de couleurs bizarrement orné,
Conduire le carrosse où l'on le voit trainé ;
Si dans les droits du Roi sa funeste science,
Par deux ou trois avis, n'eust ravagé la France.

Ie sçai qu'un juste effroi l'éloignant de ces lieux,
L'a fait pour quelques mois disparoistre à nos yeux:
Mais en vain, pour un temps, une taxe l'exile:
On le verra bientost pompeux en cette ville,
Marcher encor chargé des dépouilles d'autrui,
Et jouïr du Ciel mesme irrité contre lui.
Tandis que Pelletier, crotté jusqu'à l'échine,
S'en va chercher son pain de cuisine en cuisine:
Sçavant en ce métier, si cher aux beaux Esprits,
Dont Monmaur autrefois fit leçon dans Paris.

Il est vrai, que du Roi la bonté secourable
Iette enfin sur la Muse un regard favorable,
Et reparant du Sort l'aveuglement fatal,
Va tirer desormais Phœbus de l'Hospital.
On doit tout esperer d'un Monarque si juste.
Mais sans un Mecenas, à quoi sert un Auguste?
Et fait comme je suis, au siecle d'aujourd'hui
Qui voudra s'abaisser à me servir d'appui?
Et puis, comment percer cette foule effroyable,
De Rimeurs affamez, dont le nombre l'accable?
Qui, dés que sa main s'ouvre, y courent les pre-
    miers,

Et raviſſent un bien qu'on devoit aux derniers.
Comme on voit les Frelons, troupe laſche & ſterile;
Aller piller le miel que l'Abeille diſtile.
Enfin je ne ſçaurois, pour faire un juſte gain,
Aller bas & rampant flechir ſous C ✱ ✱ ✱
Cependant, pour flater ce Rimeur tutelaire,
Le frere en un beſoin va renier ſon frere :
Et Phœbus en perſonne, y faiſant la leçon,
Gagneroit moins ici, qu'au métier de maçon,
Ou, pour eſtre couché ſur la liſte nouvelle,
S'en iroit chez Billaine, admirer la Pucelle.
Ceſſons donc d'aſpirer à ce prix tant vanté,
Que donne la faveur à l'importunité.
Saint Amand n'eut du Ciel que ſa veine en partage;
L'habit, qu'il eut ſur lui, fut ſon ſeul heritage :
Vn lit & deux placets compoſoient tout ſon bien :
Ou, pour en mieux parler, Saint Amand n'avoit
  rien.
Mais quoy, las de traiſner une vie importune,
Il engagea ce rien, pour chercher la Fortune :
Et tout chargé de vers, qu'il devoit mettre au jour,
Conduit d'un vain eſpoir, il parut à la Cour.

Qu'arriva-t'il enfin de sa Muse abusée?
Il en revint couvert de honte & de risée,
Et la fievre au retour, terminant son destin,
Fit par avance en lui, ce qu'auroit fait la faim.
Vn Poëte à la Cour fut jadis à la mode :
Mais des Fous aujourd'hui c'est le plus incommode:
Et l'Esprit le plus beau, l'Auteur le plus poli,
N'y parviendra jamais au sort de l'Angeli.

Faut-il donc desormais joüer un nouveau rôle?
Dois-je, las d'Apollon, recourir à Barthole :
Et feuilletant Loüet alongé par Brodeau,
D'une robe à longs plis balayer le Barreau?
Mais à ce seul penser, je sens que je m'égare.
Moi, que j'aille crier dans ce païs barbare,
Où l'on voit tous les jours l'Innocence aux abois
Errer dans les détours d'un Dedale de loix :
Et dans l'amas confus des chicanes enormes,
Ce qui fut blanc au fond, rendu noir par les formes.
Où Patru gagne moins qu'Hüot & Le Mazier;
Et dont les Cicerons se font chez Péfournier.
Avant qu'un tel dessein m'entre dans la pensée,
On pourra voir la Seine à la Saint Iean glacée,

Arnaud à Charenton devenir Huguenot,
Saint Sorlin Ianfenifte, & Saint Pavin bigot.
  Quittons donc, pour jamais, une Ville importune,
Où l'Honneur eſt en guerre aveque la Fortune :
Où le Vice orgueilleux s'erige en Souverain,
Et va la mitre en teſte, & la croſſe à la main :
Où l'Argent ſeul tient lieu d'eſprit & de nobleſſe :
Où la Vertu ſe peze au poids de la Richeſſe :
Où l'on emporte à peine, à ſuivre les neuf Sœurs,
Vn laurier chimerique & de maigres honneurs :
Où la Science triſte, affreuſe, & delaiſſée,
Eſt par tout des bons lieux comme infame chaſſée :
Où le ſeul art en vogue, eſt l'art de bien voler :
Où tout me choque, Enfin où je n'oſe parler.
  Et quel Homme ſi froid ne ſeroit plein de bile,
A l'aſpect odieux des mœurs de cette Ville ?
Qui pouroit les ſouffrir ? & qui, pour les blaſmer,
Malgré Muſe & Phebus n'apprendroit à rimer ?
Non, non, ſur ce ſujet, pour écrire avec grace,
Il ne faut point monter au ſommet du Parnaſſe :
Et ſans aller rêver dans le double Vallon,
La colere ſuffit, & vaut un Apollon.

Mais quoi, dira quelqu'un, vous entrez en furie ?
A quoi bon ces grands mots ? Doucement, je vous prie.
Ou bien montez en chaire, & là, comme un Docteur,
Allez de vos sermons endormir l'Auditeur,
C'est là que bien, ou mal, on a droit de tout dire.
 Ainsi parle un Esprit, qu'irrite la Satire,
Qui contre ses defauts croit estre en seureté,
En raillant d'un Censeur la triste austerité.
Qui fait l'homme intrepide, & tremblant de foiblesse,
Attend pour croire en Dieu que la fievre le presse ;
Et riant, hors de là, du sentiment commun,
Presche que Trois sont Trois, & ne sont jamais Vn.
Car enfin, de penser qu'un Dieu tourne le monde,
Et regle les ressorts de la machine ronde,
Ou qu'il est une vie au delà du trépas,
C'est là ce qu'il faut croire, & ce qu'il ne croit pas.
 Pour moi qui suis plus simple, & que l'Enfer étonne,
Qui crois l'ame immortelle, & que c'est Dieu qui tonne :

Il vaut mieux pour jamais me bannir de ce lieu,
Ie me retire donc. Adieu, Paris, Adieu.

SATIRE II.

A M. MOLIERE.

Rare & fameux Esprit, dont la fertile veine,
Ignore en écrivant le travail & la peine ;
Pour qui tient Apollon tous ses thresors ouverts,
Et qui sçais à quel coin se marquent les bons vers,
Dans les combats d'esprit, sçavant Maistre d'escrime,
Enseigne moi, Moliere, où tu trouves la Rime.
On diroit, quand tu veux, qu'elle te vient chercher,
Iamais au bout du vers on ne te voit broncher ;
Et sans qu'un long détour t'arreste, ou t'embarasse,
A peine as tu parlé, qu'elle mesme s'y place.
Mais moi, qu'un vain caprice, une bizarre humeur,

Pour mes pechez, je croi, fit devenir Rimeur :
Dans ce rude métier, où mon esprit se tuë,
En vain pour la trouver, je travaille, & je suë.
Souvent j'ai beau rêver du matin jusqu'au soir :
Quand je veux dire *blanc*, la quinteuse dit *noir*.
Si je veux d'un Galant dépeindre la figure,
Ma plume pour rimer, trouve l'Abbé de P***.
Si je pense exprimer un Auteur sans defaut,
La Raison dit Virgile, & la Rime Kynaut.
Enfin quoique je fasse, ou que je veuille faire,
La Bizarre toûjours vient m'offrir le contraire.
De rage quelquefois ne pouvant la trouver,
Triste, las, & confus, je cesse d'y rêver :
Et maudissant vingt fois le Demon qui m'inspire,
Je fais mille sermens de ne jamais écrire :
Mais quand j'ai bien maudit & Muses & Phœbus,
Je la voi qui paroift, quand je n'y pense plus.
Aussitoft malgré moi, tout mon feu se rallume :
Je reprens sur le champ le papier & la plume,
Et de mes vains sermens perdant le souvenir,
J'attens de vers en vers qu'elle daigne venir.
Encor, si pour rimer, dans sa verve indiscrete,

B

Ma Muse au moins souffroit une froide epithete :
Ie ferois comme un autre, & sans chercher si loin,
I'aurois toûjours des mots, pour les coudre au besoin.
Si je loüois Philis, *En miracles feconde*;
Ie trouverois bientoft, *A nulle autre feconde*.
Si je voulois vanter un objet *Nompareil*;
Ie mettrois à l'inftant, *Plus beau que le Soleil*.
Enfin parlant toûjours & d'*Aftre*, & de *Merveilles*,
De *Chef-d'œuvres des Cieux*, de *Beautez sans pareilles*;
Avec tous ces beaux mots souvent mis au hazard,
Ie pourois aisément, sans genie, & sans art,
Et transposant cent fois & le Nom & le Verbe,
Dans mes vers recousus metre en pieces Malherbe.
Mais mon Esprit tremblant sur le choix de ses mots,
N'en dira jamais un, s'il ne tombe à propos,
Et ne sçauroit souffrir, qu'une phrase insipide
Vienne à la fin d'un vers remplir la place vuide.
Ainsi, recommençant un ouvrage vingt fois,

Si j'écris quatre mots, j'en effacerai trois.

Maudit soit le premier, dont la verve insensée
Dans les bornes d'un vers renferma sa pensée,
Et donnant à ses mots une étroite prison,
Voulut avec la Rime enchainer la Raison.
Sans ce métier fatal au repos de ma vie,
Mes jours pleins de loisir, couleroient sans envie.
Ie n'aurois qu'à chanter, rire, boire d'autant,
Et comme un gras Chanoine, à mon aise, & content,
Passer tranquillement, sans souci, sans affaire;
La nuit à bien dormir, & le jour à rien faire.
Mon cœur exempt de soins, libre de passion,
Sçait donner une borne à son ambition :
Et fuiant des grandeurs la presence importune,
Ie ne vais point au Louvre adorer la Fortune:
Et je serois heureux, si pour me consumer,
Vn Destin envieux ne m'avoit fait rimer.

Mais depuis le moment que cette frenesie
De ses noires vapeurs troubla ma fantaisie,
Et qu'un Demon jaloux de mon contentement,
M'inspira le dessein d'écrire poliment,

Tous les jours malgré moi cloüé, sur un Ouvrage,
Retouchant un endroit, effaçant une page,
Enfin passant ma vie en ce triste métier,
J'envie en écrivant le sort de Pelletier.

Bienheureux Scutari ! dont la fertile plume
Peut tous les mois sans peine enfanter un volume.
Tes écrits, il est vrai, sans force, & languissans,
Semblent estre formez en dépit du bon sens :
Mais ils trouvent pourtant, quoiqu'on en puisse di-
 re,
Vn Marchand pour les vendre, & des Sots pour
 les lire.
Et quand la Rime enfin se trouve au bout des vers,
Qu'importe que le reste y soit mis de travers ?
Malheureux mille fois celui, dont la manie
Veut aux regles de l'Art asservir son genie.
Vn Sot en écrivant fait tout avec plaisir :
Il n'a point en ses vers l'embarras de choisir :
Et toûjours amoureux de ce qu'il vient d'écrire,
Ravi d'étonnement, en soi-mesme il s'admire.
Mais un Esprit sublime, en vain veut s'élever
A ce degré parfait qu'il tâche de trouver :

Et toûjours mécontent de ce qu'il vient de faire,
Il plaiſt à tout le monde, & ne ſçauroit ſe plaire.
Et tel, dont en tous lieux chacun vante l'eſprit,
Voudroit pour ſon repos n'avoir jamais écrit.
 Toi donc qui vois les maux où ma Muſe s'abime,
De grace, enſeigne moi l'Art de trouver la Rime :
Ou, puiſqu'enfin tes ſoins y ſeroient ſuperflus,
Moliere, enſeigne moi l'Art de ne rimer plus.

SATIRE III.

A. Quel sujet inconnu vous trouble & vous altere?
D'où vous vient aujourd'huy cet air sombre & severe,
Et ce visage enfin plus pasle qu'un Rentier,
A l'aspect d'un Arrest qui retranche un quartier?
Qu'est devenu ce teint, dont la couleur fleurie
Sembloit d'Ortolans seuls, & de Bisques nourie?
Où la joye, en son lustre, attiroit les regards,
Et le Vin en rubis brilloit de toutes parts.
Qui vous a pû plonger dans cette humeur chagrine?
A-t-on, par quelque Edit, reformé la cuisine?
Ou quelque longue pluie, inondant vos vallons,
A-t-elle fait couler vos vins ou vos melons?
Répondez donc du moins, ou bien je me retire.

P. Ah de grace, un moment souffrez que je
    respire.
Ie fors de chez un Fat, qui pour m'empoisonner,
Ie pense, exprés chez lui m'a forcé de difner.
Ie l'avois bien preveu. Depuis prés d'une année,
I'éludois tous les jours sa poursuite obstinée.
Quand hier il m'aborde, & me serrant la main:
Ah Monsieur, m'a-t-il dit, je vous attens demain.
N'y manquez pas au moins. I'ai quatorze bouteilles
D'un vin vieux.... Boucingo n'en a point de pa-
    reilles:
Et je gagerois bien, que chez le Commandeur,
Villandri priseroit sa féve, & sa verdeur.
Moliere avec Tartuffe y doit joüer son role:
Et Lambert, qui plus est, m'a donné sa parole.
C'est tout dire en un mot, & vous le connoissez.
Quoi Lambert? Oüi Lambert: A demain: C'est
    assez.
Ce matin donc, seduit par sa vaine promesse,
I'y cours, Midi sonnant, au sortir de la Messe.
A peine estois-je entré, que ravi de me voir,
Mon Homme, en m'embrassant, m'est venu rece-
    voir:

Et montrant à mes yeux une allegresse entiere,
Nous n'avons, m'a-t-il dit, ni Lambert, ni Moliere :
Mais puisque je vous voi, je me tiens trop content.
Vous estes un brave Homme : Entrez, on vous attend.
A ces mots, mais trop tard, reconnoissant ma faute :
Je le suis, en tremblant, dans une chambre haute,
Où malgré les volets, le Soleil irrité
Formoit un poësle ardent, au milieu de l'Esté.
Le Couvert estoit mis dans ce lieu de plaisance :
Où j'ai trouvé d'abord, pour toute connoissance,
Deux nobles Campagnards, grands lecteurs de Romans,
Qui m'ont dit tout Cirus, dans leurs longs complimens.
J'enrageois. Cependant on apporte un Potage.
Un Coq y paroissoit en pompeux équipage,
Qui changeant sur ce plat & d'estat & de nom,
Par tous les Conviez s'est appellé Chapon.
Deux assietes suivoient, dont l'une estoit ornée

D'une Langue en ragouſt de perſil couronnée :
L'autre d'un Godiveau tout brûlé par dehors,
Dont un beurre gluant inondoit tous les bords.
On s'aſſied : mais d'abord, noſtre troupe ſerrée
Tenoit à peine autour d'une table quarrée,
Où chacun malgré ſoy l'un ſur l'autre porté,
Faiſoit un tour à gauche, & mangeoit de coſté.
Iugez, en cet eſtat, ſi je pouvois me plaire,
Moi, qui ne compte rien ni le vin, ni la chere,
Si l'on n'eſt plus au large aſſis en un feſtin,
Qu'aux Sermons de Chaiſſaigne, ou de l'Abbé
    Kautin.
    Nôtre Hoſte, cependant, s'adreſſant à la troupe:
Que vous ſemble, a-t'il dit, du gouſt de cette ſou-
    pe ?
Sentez-vous le citron dont on a mis le jus,
Avec des jaunes d'œuf meſlez dans du verjus ?
Ma foi, vive Mignot, & tout ce qu'il appreſte.
Les cheveux cependant me dreſſoient à la teſte;
Car Mignot, c'eſt tout dire, & dans le monde en-
    tier,
Iamais Empoiſonneur ne ſceut mieux ſon métier.

J'aprouvois tout pourtant, de la mine & du geste,
Pensant qu'au moins le vin dûst reparer le reste.
Pour m'en éclaircir donc, j'en demande. Et d'abord,
Vn Laquais effronté m'apporte un Rouge bord,
D'un Auvernat fumeux, qui meslé de Lignage,
Se vendoit chés Crenet, pour vin de l'Hermitage;
Et qui rouge en couleur, mais fade & doucereux,
N'avoit rien qu'un goust plat, & qu'un deboire affreux.
A peine ai-je senti cette liqueur traitresse,
Que de ces vins meslez, j'ai reconnu l'adresse.
Toutefois avec l'eau, que j'y mets à foison,
J'esperois adoucir la force du poison.
Mais, qui l'auroit pensé? pour comble de disgrace,
Par le chaud qu'il faisoit, nous n'avions point de glace.
Point de glace, bon Dieu! dans le fort de l'Esté!
Au mois de Iuin! Pour moy j'estois si transporté,
Que donnant de fureur tout le festin au Diable,
Ie me suis veu vingt fois prest à quitter la table;
Et dûst-on m'appeller, & fantasque, & bouru,

SATIRES.

J'allois sortir enfin: quand le Rost a paru.
  Sur un Lievre flanqué de six Poulets ethiques,
S'élevoient trois Lapins, animaux domestiques,
Qui dés leur tendre enfance élevez dans Paris,
Sentoient encor le chou, dont ils furent nouris:
Autour de cet amas de viandes entassées,
Regnoit un long cordon d'Alouëtes pressées,
Et sur les bords du plat, six Pigeons étalez
Presentoient pour renfort leurs squeletes bruslez.
A costé de ce plat paroissoient deux Salades:
L'une de pourpier jaune, & l'autre d'herbes fades,
Dont l'huile de fort loin saisissoit l'odorat,
Et nageoit dans des flots de vinaigre rosat.
  Tous mes Sots à l'instant, changeant de contenance,
Ont loüé du festin la superbe ordonnance:
Tandis que mon Faquin, qui se voyoit priser,
Avec un ris mocqueur, les prioit d'excuser.
Sur tout certain Hableur, à la gueule affamée,
Qui vint à ce festin, conduit par la fumée:
Et qui s'est dit Profés dans l'ordre des Costeaux,
A fait, en bien mangeant, l'eloge des morceaux.

Ie riois de le voir, avec fa mine ethique,
Son rabat jadis blanc, & fa perruque antique;
En Lapins de garenne, eriger nos Clapiers,
Et nos Pigeons Cochets, en fuperbes Ramiers:
Et pour flatter noftre Hofte, obfervant fon vifage
Compofer fur fes yeux, fon gefte & fon langage
   Quand nôtre Hofte charmé, m'avifant fur
      point:
Qu'avez-vous donc, dit-il, que vous ne mangez
      point?
Je vous trouve aujourd'hui l'ame toute inquiete
Et les morceaux entiers reftent fur voftre affiette
Aimez-vous la mufcade? on en a mis par tout.
Ah! Monfieur, ces Poulets font d'un merveilleux
      gouft;
Ces Pigeons font dodus, mangez fur ma parole.
J'aime à voir aux Lapins cette chair blanche &
      molle.
Ma foi, tout eft paffable, il le faut confeffer,
Et Mignot aujourd'hui, s'eft voulu furpaffer.
Quand on parle de fauffe, il faut qu'on y raffine
Pour moi, j'aime fur tout, que le poivre y domine;

SATIRES

J'en suis fourni, Dieu sçait, & j'ai tout Pelletier
Roulé dans mon Office, en cornets de papier.
A tous ces beaux discours, j'estois comme une
  pierre,
Ou comme la Statuë est au festin de Pierre ;
Et sans dire un seul mot, j'avalois au hazard
Quelque aile de poulet, dont j'arrachois le lard.
   Cependant mon Hableur avec une voix haute,
Porte à mes Campagnars, la santé de nostre Hôte,
Qui tous deux pleins de joye, en jettant un grand
  cri,
Avecque un rougebord, acceptent son deffi.
Vn si galant exploit reveillant tout le monde,
On a porté par tout des verres à la ronde,
Où les doigts des Laquais dans la crasse tracez,
Témoignoient par écrit qu'on les avoit rincez.
Quand un des Conviez, d'un ton melancholique,
Lamentant tristement une chanson bachique,
Tous mes Sots à la fois ravis de l'écouter,
Detonnant de concert, se mettent à chanter.
La Musique sans doute estoit rare & charmante !
L'un traine en longs fredons une voix glapissante,

Et l'autre l'appuyant de son aigre fausset,
Semble un violon faux qui jure sous l'archet.
 Sur ce point, un Iambon d'assez maigre appa-
 rence,
Arrive sous le nom de Iambon de Mayence.
Vn Valet le portoit, marchant à pas comptez,
Comme un Recteur suivi des quatre Facultez.
Deux Marmitons crasseux, revestus de serviettes,
Lui servoient de Massiers, & portoient deux assietes,
L'une de champignons, avec des ris de veau,
Et l'autre de pois verds, qui se noyoient dans l'eau.
Vn spectacle si beau surprenant l'assemblée,
Chez tous les Conviez la joye est redoublée :
Et la Troupe à l'instant, cessant de fredonner,
D'un ton gravement fou, s'est mise à raisonner.
Le vin au plus muët fournissant des paroles,
Chacun a debité ses maximes frivoles,
Reglé les interests de chaque Potentat,
Corrigé la Police, & reformé l'Estat ;
Puis de là s'embarquant dans la nouvelle guerre,
A vaincu la Hollande, ou battu l'Angleterre.
Enfin, laissant en paix tous ces peuples divers,

De propos en propos, on a parlé de vers.
Là tous mes Sots enflez d'une nouvelle audace,
Ont jugé des Autheurs en Maiſtres du Parnaſſe.
Mais nôtre Hoſte ſur tout, pour la juſteſſe & l'art,
Elevoit juſqu'au Ciel Theophile & Ronſard.
Quand un des Campagnards relevant ſa mouſta-
 che,
Et ſon feutre à grands poils, ombragé d'un pen-
 nache,
Impoſe à tous ſilence, & d'un ton de Docteur,
Morbleu, dit-il, La Serre eſt un charmant Au-
 theur !
Ses vers ſont d'un beau ſtile, & ſa proſe eſt cou-
 lante !
La Pucelle eſt encore une Oeuvre bien galante !
Et je ne ſçai pourquoi je baaille en la liſant.
Le Pais, ſans mentir, eſt un bouffon plaiſant :
Mais je ne trouve rien de beau dans ce Voiture.
Ma foi le jugement ſert bien dans la lecture.
A mon gré, le Corneille eſt joli quelque fois :
En verité pour moi, j'aime le beau François.
Je ne ſçai pas pourquoi l'on vante l'Alexandre,

Ce n'est qu'un glorieux qui ne dit rien de tendre:
Les Heros chez Kynaut parlent bien autrement,
Et jusqu'à *je vous hais*, tout s'y dit tendrement.
On dit qu'on l'a drapé dans certaine Satire,
Qu'un jeune homme... Ah! ie sçai ce que vous voulez dire,
A répondu nostre Hoste, *Vn Auteur sans defaut*,
La Raison dit Virgile, & la Rime Kynaut.
Iustement. A mon gré, la piece est assez platte:
Et puis blasmer Kynaut... Avez vous veu l'A-
strate?
C'est là ce qu'on appelle un Ouvrage achevé.
Sur tout l'*Anneau Royal* me semble bien trouvé,
Son sujet est conduit d'une belle maniere,
Et chaque Acte en sa Piece, est une Piece entiere:
Ie ne puis plus souffrir ce que les autres font.
Il est vrai que Kynaut est un Esprit profond,
A repris certain Fat, qu'à sa mine discrette,
Et son maintien jaloux, j'ay reconnu Poëte:
Mais, il en est pourtant, qui le pourroient valoir.
Ma foi, ce n'est pas vous qui nous le ferez voir,
A dit mon Campagnard, avecque une voix clai-
re,

Et déja tout bouillant de vin & de colere.
Peut-eftre, a dit l'Autheur pasliffant de couroux :
Mais vous, pour en parler, vous y connoissez-
vous ?
Mieux que vous mille fois, dit le Noble en furie,
Vous? Mon Dieu mêlez-vous de boire, je vous
prie,
A l'Autheur sur le champ aigrement reparti.
Je suis donc un Sot, Moi ? Vous en avez menti :
Reprend le Campagnard, & sans plus de langage,
Lui jette, pour deffi, son affiete au visage.
L'autre esquive le coup, & l'affiete volant
S'en va frapper le mur, & revient en roulant.
A cet affront, l'Autheur se levant de la table,
Lance à mon Campagnard un regard effroyable:
Et chacun vainement se ruant entre deux,
Nos Braves s'accrochant, se prennent aux che-
veux.
Auffi-toft fous leurs pieds les tables renverfées
Font voir un long débris de bouteilles caffées :
En vain à lever tout, les Valets font fort
prompts :

C iij

Et les ruisseaux de vin coulent aux environs.
Enfin, pour arrester cette lutte barbare,
De nouveau l'on s'efforce, on crie, on les separe,
Et leur premiere ardeur passant en un moment,
On a parlé de paix & d'accommodement.
Mais tandis qu'à l'envi tout le monde y conspire,
J'ai gagné doucement la porte, sans rien dire :
Avec un bon serment, que si pour l'avenir,
En pareille cohuë on me peut retenir,
Je consens de bon cœur, pour punir ma folie,
Que tous les vins pour moi, deviennent vins de Brie,
Qu'à Paris le gibier manque tous les Hyvers,
Et qu'à peine au mois d'Aoust, l'on mange de pois verds.

SATIRE IV.

A Monsieur l'Abbé le Vayer.

'Où vient, cher le Vayer, que l'Homme le moins sage
Croit toûjours seul avoir la Sagesse en partage :
Et qu'il n'est point de Fou qui par belles raisons,
Ne loge son Voisin aux Petites Maisons.
 Vn Pedant enyvré de sa vaine Science,
Tout herissé de Grec, tout bouffi d'arrogance,
Et qui de mille Auteurs retenus mot pour mot,
Dans sa teste entassez, n'a souvent fait qu'un Sot,
Croit qu'un Livre fait tout, & que sans Aristote,
La Raison ne voit goute, & le bon Sens radote.
 D'autre part un Galant, de qui tout le métier
Est de courir le jour de quartier en quartier,

Et d'aller à l'abri d'une perruque blonde,
De ses froides douceurs fatiguer le beau monde,
Condamne la Science, & blâmant tout écrit,
Croit qu'en lui l'Ignorance est un titre d'esprit :
Que c'est des gens de Cour, le plus beau privi-
  lege ;
Et renvoye un Sçavant dans le fond d'un Col-
  lege.
  Vn Bigot orgueilleux, qui dans sa vanité,
Croit duper jusqu'à Dieu par son zele affecté,
Couvrant tous ses defauts d'une sainte apparence,
Damne tous les humains de sa pleine puissance.
  Vn Libertin d'ailleurs, qui sans ame & sans
  foi,
Se fait de son plaisir une supréme loi,
Tient que ces vieux propos, de Demons & de
  flammes,
Sont bons pour étonner des enfans & des fem-
  mes,
Que c'est s'embarrasser de soucis superflus,
Et qu'enfin, tout Devot a le cerveau perclus.
  En un mot qui voudroit épuiser ces matieres,

Peignant de tant d'Esprits les diverses manieres :
Il compteroit plûtost combien dans un Prin-
   temps,
Desnaud & l'Antimoine ont fait mourir de gens :
Et combien la Neveu devant son mariage,
A de fois au public, vendu son pucelage.
Mais sans errer en vain, dans ces vagues pro-
   pos,
Et pour rimer ici ma pensée en deux mots.
N'en déplaise à ces Fous nommez Sages de
   Grece,
En ce monde il n'est point de parfaite Sagesse.
Tous les hommes sont fous : & malgré tous leurs
   soins,
Ne different entre eux, que du plus & du moins.
Comme on void qu'en un Bois, que cent routes sé-
   parent,
Les Voyageurs sans guide assez souvent s'éga-
   rent;
L'un à droit, l'autre à gauche, & courant vaine-
   ment,
La mesme erreur les fait errer diversement.

Chacun suit dans le monde une route incertaine
Selon que son erreur le joüe & le promene ;
Et tel y fait l'habile, & nous traite de Fous,
Qui sous le nom de Sage est le plus Fou de tous.

Mais quoique sur ce point la Satire public :
Chacun veut en Sagesse eriger sa Folie ;
Et se laissant regler à son esprit tortu,
De ses propres defauts, se fait une vertu.
Ainsi, cela soit dit pour qui veut se connêtre,
Le plus sage est celuy qui ne pense point l'estre,
Qui toûjours pour un autre enclin vers la dou-
 ceur,
Se regarde soi-mesme en severe censeur,
Rend à tous ses defauts une exacte justice,
Et fait sans se flatter le procés à son vice.
Mais chacun pour soi-mesme est toûjours indul-
 gent.
Vn avare idolâtre & fou de son argent,
Au milieu de ses biens rencontrant l'indigence,
Appelle sa folie une rare Prudence,
Et met toute sa gloire, & son souverain bien,
A grossir un trésor qui ne luy sert de rien.

Dites-moi pauvre Esprit, ame basse & venale,
Ne vous souvient-il point du tourment de Tan-
 tale,
Qui dans le triste estat où le Ciel l'a reduit,
Meurt de soif au milieu d'un fleuve qui le fuit?
Vous riez: Sçavez-vous que c'est vostre peinture,
Et que c'est vous par là que la Fable figure?
Chargé d'or & d'argent, loin de vous en servir,
Vous brûlez d'une soif, qu'on ne peut assouvir,
Vous nagez dans les biens: mais vostre ame al-
 terée,
Se fait de sa richesse une chose sacrée;
Et tous ces vains tresors que vous allez cacher,
Sont pour vous un depost où vous n'osez tou-
 cher.
Quoi donc, de vostre argent ignorez-vous l'u-
 sage?
Sans mentir l'avarice est une étrange rage,
Ira cet autre Fou, qui prodigue du sien,
A trois fois en dix ans devoré tout son bien,
Et dont l'ame inquiete à soi-mesme importune,
Se fait un embarras de sa bonne fortune.

Qui des deux en effet est le plus aveuglé ?
L'un & l'autre à mon sens, ont le cerveau troublé,
Répondra chez Fredoc, ce Marquis sage & prude,
Et qui sans cesse au jeu, dont il fait son estude,
Attendant son destin, d'un quatorze, ou d'un sept,
Voit sa vie, ou sa mort sortir de son cornet.
Que si d'un Sort fâcheux, la maligne inconstance,
Vient par un coup fatal faire tourner la chance,
Vous le verrez bientost les cheveux herissez,
Et les yeux vers le Ciel, de fureur élancez,
Ainsi qu'un Possedé, que le Prestre exorcise,
Pêter dans ses sermons tous les Saints de l'Eglise,
Qu'on le lie, ou je crains, à son air furieux,
Que ce nouveau Titan n'escalade les Cieux.
Mais laissons-le plûtost en proye à son caprice,
Sa folie, aussi-bien, lui tient lieu de supplice.
Il est d'autres erreurs, dont l'aimable poison,
D'un charme bien plus doux, envyre la raison.

L'Esp

L'Esprit dans ce nectar heureusement s'oublie.
Ariste veut rimer, & c'est là sa folie :
Mais bien que ses durs vers d'epithetes enflez,
Soient des moindres grimauds chez Menage
    sifflez :
Lui-mesme il s'applaudit, & d'un esprit tranquille,
Prend le pas au Parnasse au dessus de Virgile.
Que feroit-il, helas ! si quelque Audacieux
Alloit pour son malheur luy desiller les yeux ?
Lui faisant voir ses vers & sans force, & sans gra-
    ces,
Montez sur deux grands mots, comme sur deux
    échasses ;
Ses termes sans raison l'un de l'autre écartez,
Et ses froids ornemens à la ligne plantez.
Qu'il maudiroit le jour, où son ame insensée
Perdit l'heureuse erreur qui charmoit sa pensée !
   Iadis certain Bigot, d'ailleurs homme sensé,
D'un mal assez bizarre eut le cerveau blessé :
S'imaginant sans cesse, en sa douce manie,
Des Esprits bienheureux entendre l'harmonie.
Enfin un Medecin, fort expert en son art,

D

Le guerit par adresse, ou plûtost par hasard :
Mais voulant de ses soins exiger le salaire,
Moi vous payer? luy dit le Bigot en colere,
Vous, dont l'art infernal, par des secrets mau-
dits,
En me tirant d'erreur, m'oste du Paradis.
J'approuve son couroux. Car, puisqu'il faut le
dire,
Souvent de tous nos maux la Raison est le pire.
C'est elle qui farouche, au milieu des plaisirs,
D'un remords importun vient brider nos desirs.
La Fascheuse a pour nous des rigueurs sans pa-
reilles :
C'est un Pedant qu'on a sans cesse à ses oreilles,
Qui toûjours nous gourmande, & loin de nous
toucher,
Souvent, comme Ioli, perd son temps à pres-
cher.
En vain certains resveurs nous l'habillent en
Reine,
Veulent sur tous nos sens la rendre Souveraine,
Et s'en formant en terre une Divinité,

vienent aller par elle à la Felicité.
C'est elle, disent-ils, qui nous montre à bien
vivre.
Ces discours, il est vrai, sont fort beaux dans un
livre;
Ie les estime fort; mais je trouve en effet,
Que le plus Fou souvent est le plus satisfait.

SATIRE V.

A Monsieur le Marquis d'Angé

A Noblesse, d'ANGEAV, n'est pas
    une chimere;
Quand sous l'étroite loi d'une vertu
    severe,
Vn Homme issu d'un sang fecond en Demi-
    dieux,
Suit, comme Toi, la trace où marchoient ses
    Ayeux.
  Mais je ne puis souffrir, qu'un Fat dont la mol-
    lesse
N'a rien pour s'appuyer qu'une vaine Noblesse,
Se pare insolemment du merite d'autrui,
Et me vante un honneur qui ne vient pas de lui.
Ie veux que la valeur de ses Ayeux antiques,

SATIRES. 41

Ait fourni de matiere aux plus vieilles Chroni-
 ques,
Et que l'un des Capets, pour honorer leur nom,
Ait de trois fleurs de Lis doté leur Ecuſſon.
Que ſert ce vain amas d'une inutile gloire?
Si de tant de Heros celebres dans l'Hiſtoire,
Il ne peut rien offrir aux yeux de l'Vnivers,
Que de vieux parchemins, qu'ont épargnez les
 vers.
Si tout ſorti qu'il eſt d'une ſource divine,
Son cœur dément en lui ſa ſuperbe origine:
Et n'ayant rien de grand qu'une ſotte fierté,
S'endort dans une laſche & molle oiſiveté.
 Cependant à le voir, avec tant d'arrogance,
Vanter le faux éclat de ſa haute naiſſance;
On diroit que le Ciel eſt ſoumis à ſa loi,
Et que Dieu l'a paitri d'autre limon que moi.
 Dites-noûs, grand Heros, Eſprit rare & ſu-
 blime,
Entre tant d'animaux, qui ſont ceux qu'on eſti-
 me?
On fait cas d'un Courſier qui fier, & plein de
 cœur,

D iij

Fait paroiftre en courant fa bouillante vigueur:
Qui jamais ne fe laffe, & qui dans la Cariere,
S'eft couvert mille fois d'une noble pouffiere :
Mais la Pofterité d'Alfane & de Bayard,
Quand ce n'eft qu'une roffe, eft venduë au hazard :
Sans refpect des Ayeux dont elle eft defcenduë,
Et va porter la malle, ou tirer la charuë.
Pourquoi donc voulez-vous, que par un fot abus,
Chacun refpecte en vous un honneur qui n'eft plus ?
On ne m'éblouït point d'une apparence vaine.
La Vertu, d'un cœur noble eft la marque certaine.
Si vous eftes forti de ces Heros fameux ;
Montrez-nous cette ardeur qu'on vid briller en eux,
Ce zele pour l'honneur, cette horreur pour le vice ;
Refpectez-vous les loix ? Fuïez-vous l'injuftice ?
Sçavez-vous fur un mur repouffer des affauts,
Et dormir en plein champ le harnois fur le dos ?

Je vous connois pour Noble, à ces illuſtres mar-
    ques :
Alors ſoyez iſſu des plus fameux Monarques ;
Venez de mille Ayeux ; & ſi ce n'eſt aſſez,
Feuilletez à loiſir tous les ſiecles paſſez.
Voyez de quel Guerrier il vous plaiſt de deſcen-
    dre ;
Choiſiſſez de Ceſar, d'Achille, ou d'Alexandre :
Envain un laſche Eſprit voudroit vous démentir,
Et ſi vous n'en ſortez, vous en devez ſortir.
Mais fuſſiez-vous iſſu d'Hercule en droite ligne,
Si vous ne faites voir qu'une baſſeſſe indigne :
Ce long amas d'Ayeux, que vous diffamez tous,
Sont autant de témoins qui parlent contre vous ;
Et tout ce grand éclat de leur gloire ternie,
Ne ſert plus que de jour à voſtre ignominie.
Envain tout fier d'un Sang, que vous deshonno-
    rez,
Vous dormez à l'abri de ces Noms reverez :
Envain vous vous couvrez des vertus de vos Pe-
    res :
Ce ne ſont à mes yeux, que de vaines chimeres :

Ie ne voi rien en vous, qu'un lasche, un impo-
 steur,
Vn traistre, un scelerat, un perfide, un men-
 teur,
Vn fou, dont les accés vont jusqu'à la furie,
Et d'un Tronc fort illustre, une branche pou-
 rie.
 Ie m'emporte peut-estre : & ma Muse en fu-
 reur
Verse dans ses discours trop de fiel & d'aigreur.
Il faut avec les Grands un peu de retenuë :
Hé bien je m'adoucis. Vostre race est connuë,
Depuis quand ? Répondez : Depuis mille ans en-
 tiers ;
Et vous pouvez fournir deux fois seize quartiers.
C'est beaucoup : Mais enfin, les preuves en sont
 claires :
Tous les Livres sont pleins des Titres de vos Pe-
 res :
Leurs Noms sont échapez du naufrage des temps.
Mais qui m'asurera, qu'en ce long cercle d'ans,
A leurs fameux Epoux vos Ayeules fidelles,

Aux douceurs des Galands furent toûjours rebel-
   les ?
Et comment sçavez-vous, si quelque Audacieux
N'a point interrompu le cours de vos Ayeux ;
Et si leur sang tout pur avecque leur noblesse,
Est passé jusqu'à vous de Lucrece en Lucrece ?
   Que maudit soit le jour, où cette vanité
Vint ici de nos mœurs souiller la pureté.
Dans les Temps bienheureux du monde en son
   enfance,
Chacun mettoit sa gloire en sa seule innocence :
Chacun vivoit content, & sous d'égales loix :
Le Merite y faisoit la Noblesse & les Rois ;
Et sans chercher l'appui d'une naissance illustre,
Vn Heros de soi-mesme empruntoit tout son lu-
   stre.
Mais enfin, par le temps le Merite avili
Vid l'Honneur en roture, & le Vice ennobli ;
Et l'Orgueil d'un faux titre appuyant sa foiblesse,
Maistrisa les humains sous le nom de Noblesse.
De là vinrent en foule & Marquis & Barons :
Chacun pour ses Vertus n'offrit plus que des
   Noms.

Aussi-tost maint Esprit fecond en resveries,
Inventa le Blazon avec les Armories,
De ses termes obscurs fit un langage à part,
Composa tous ces mots, de *Cimier* & d'*Ecart*,
De *Pal*, de *Contrepal*, de *Lambel* & de *Face*,
Et tout ce que Vulson dans son Mercure entasse.
Vne vaine folie enyvrant la raison;
L'Honneur triste & honteux ne fut plus de sai-
 son:
Alors, pour soûtenir son rang & sa naissance,
Il falut étaler le luxe & la dépense;
Il falut habiter un superbe Palais,
Faire par les couleurs distinguer ses Valets,
Et trainant en tous lieux de pompeux equipa-
 ges,
Le Duc & le Marquis se reconnut aux Pages.
 Bien-tost, pour subsister, la Noblesse sans bien,
Trouva l'Art d'emprunter & de ne rendre rien;
Et bravant des Sergens la timide cohorte,
Laissa le Creancier se morfondre à sa porte.
Mais pour comble, à la fin le Marquis en pri-
 son,

Sous le faix des procés vid tomber la Maison.
Alors, pour subvenir à sa triste indigence,
Le Noble, du Faquin rechercha l'alliance ;
Et trafiquant d'un Nom jadis si precieux,
Par un lasche Contract vendit tous ses Ayeux :
Et corrigeant ainsi la Fortune ennemie,
Rétablit son honneur à force d'infamie.
 Car si l'éclat de l'or ne releve le sang,
Envain on fait briller la splendeur de son rang :
L'amour de vos Ayeux passe en vous pour manie,
Et chacun pour parent vous fuit & vous renie.
Mais quand un homme est riche, il vaut toûjours
  son prix :
Et l'eust-on veu porter la mandille à Paris :
N'eust-il de son vrai Nom ni Titre ni Memoire,
D'Hozier lui peut trouver cent Ayeux dans l'Hi-
  stoire.
 Toi donc, qui de merite & d'honneurs re-
  vestu,
Des écueils de la Cour as sauvé ta Vertu.
D'Angrav, qui dans le rang où ton Prince t'ap-
  pelle,

Le vois toûjours orné d'une gloire nouvelle,
Et plus brillant par Soi, que par l'éclat des Lys ;
Dedaigner tous ces Rois dans la pourpre amollis
Fuir d'un honteux loisir la douceur importune:
A ses sages conseils asservir la Fortune ;
Et de tout son bonheur ne devant rien qu'à Soi
Montrer à l'Vnivers, ce que c'est qu'estre Roi ;
Si tu veux te couvrir d'un éclat legitime ;
Va par mille beaux faits meriter son estime ;
Sers un si noble Maistre ; & fai voir, qu'aujour-
　　d'hui,
La France a des Sujets qui sont dignes de Lui.

DISCOVRS AV ROI.

EVNE & vaillant Heros, dont la haute Sagesse
N'est point le fruit tardif d'une lente vieillesse :
Et qui Seul, sans Ministre, à l'exemple des Dieux,
Soûtiens tout par Toi-mesme, & vois tout par tes yeux.
Grand Roi, si jusqu'ici, par un trait de prudence,
J'ai demeuré pour Toi, dans un humble silence;
Ce n'est pas que mon cœur, vainement suspendu,
Balance, pour t'offrir un encens qui t'est dû.
Mais je sçai peu loüer, & ma Muse tremblante
Fuit d'un si grand fardeau la charge trop pesante;

Et ma Plume mal propre à peindre des Guer-
riers,
Craindroit, en les touchant de flestrir tes Lau-
riers.
   Ainsi, sans me flatter d'une vaine manie,
Ie mesure mon vol à mon foible genie ;
Plus sage en mon respect, que ces hardis Mor-
tels
Qui d'un indigne encens profanent tes autels ;
Qui dans ce champ d'Honneur, où le gain les a-
mene,
Osent chanter ton Nom, sans force & sans ha-
leine :
Et qui vont tous les jours, d'une importune voix,
T'ennuïer du recit de tes propres Exploits.
   L'un en stile pompeux habillant une Eglogue,
De ses rares Vertus Te fait un long prologue,
Et mesle, en se vantant soi-mesme à tout propos,
Les loüanges d'un Fat, à celles d'un Heros.
   L'autre envain se lassant à polir une rime,
Et reprenant vingt fois le rabot & la lime,
Grand & nouvel effort d'un Esprit sans pareil !

Dans la fin d'un Sonnet, Te compare au So-
  leil.
Sur le haut Helicon leur veine méprifée,
Fut toûjours des neuf Sœurs la fable & la rifée :
Calliope jamais ne daigna leur parler :
Et Pegafe pour eux refufe de vôler.
Cependant à les voir enflez de tant d'audace,
Te prometre en leur nom les faveurs du Par-
  naffe :
On diroit, qu'ils ont feuls l'oreille d'Apollon ;
Qu'ils difpofent de tout dans le facré Vallon.
C'eft à leurs doctes mains, fi l'on veut les en
  croire,
Que Phebus a commis tout le foin de ta gloi-
  re :
Et ton Nom, du Midi jufqu'à l'Ourfe vanté,
Ne devra qu'à leurs vers, fon immortalité.
Mais plûtoft fans ce Nom, dont la vive lumie-
  re
Donne un luftre éclatant à leur veine groffiere,
Ils verroient leurs écrits honte de l'Vnivers,
Pourir dans la pouffiere à la merci des vers.

E ij

A l'ombre de ton Nom ils trouvent leur azile ;
Comme on void dans les champs un Arbrisseau debile,
Qui sans l'heureux appui qui le tient attaché,
Languiroit tristement sur la terre couché.
    Ce n'est pas que ma Plume injuste & temeraire,
Veuille blâmer en eux le dessein de te plaire.
Et parmi tant d'Auteurs, je veux bien l'avouër,
Apollon en connoist qui Te peuvent louër.
Ouï je sçai, qu'entre ceux qui t'adressent leurs veilles,
Parmi les Pelletiers on compte des Corneilles ;
Mais je ne puis souffrir, qu'un Esprit de travers,
Qui pour rimer des mots pense faire des vers,
Se donne en Te louant une gesne inutile.
Pour chanter un Auguste, il faut estre un Virgile.
Et j'aprouve les soins du Monarque guerrier
Qui ne pouvoit souffrir, qu'un Artisan grossier
Entreprist de tracer, d'une main crminelle,

Vn Portrait refervé pour le pinceau d'Apelle.
　　Moi donc, qui connois peu Phebus & fes dou-
　　　ceurs :
Qui fuis nouveau fevré fur le Mont des neuf
　　　Sœurs :
Attendant que pour Toi, l'âge ait meuri ma
　　　Mufe,
Sur de moindres Sujets je l'exerce & l'amufe :
Et tandis que ton Bras, des peuples redouté,
Va la foudre à la main rétablir l'Equité,
Et retient les Méchans par la peur des fuppli-
　　　ces ;
Moi, la plume à la main, je gourmande les
　　　Vices ;
Et gardant pour moi-mefme une jufte rigueur,
Ie confie au papier les fecrets de mon cœur.
Ainfi, dés qu'une fois ma verve fe réveille :
Comme on void au Printemps la diligente A-
　　　beille,
Qui des fleurs qu'elle pille en compofe fon miel,
Des fottifes du Temps je compofe mon fiel.
Ie vais de toutes parts où me guide ma veine,

Sans tenir en marchant une route certaine,
Et fans gefner ma Plume en ce libre métier,
Je la laiffe au hazard courir fur le papier.
 Le mal eft, qu'en rimant, ma Mufe un peu legere
Nomme tout par fon nom, & ne fçauroit rien taire.
C'eft là ce qui fait peur aux Efprits de ce Temps,
Qui tout blancs au dehors, font tout noirs au dedans.
Ils tremblent qu'un Cenfeur, que fa verve encourage,
Ne vienne en fes Efcrits demafquer leur vifage,
Et fouillant dans leurs mœurs en toute liberté,
N'aille du fond du Puis tirer la Verité.
Tous ces gens éperdus au feul nom de Satire,
Font d'abord le procés à quiconque ofe rire.
Ce font eux que l'on voit, d'un difcours infenfé,
Publier dans Paris que tout eft renverfé;
Au moindre bruit qui court, qu'un Auteur les menace,
De jouër des Bigots la trompeufe grimace.

Pour eux un tel Ouvrage eſt un monſtre odieux;
C'eſt offenſer les loix, c'eſt s'attaquer aux Cieux:
Mais bien que d'un faux zele ils maſquent leur foibleſſe,
Chacun voit qu'en effet la Verité les bleſſe.
Envain d'un laſche orgueil leur Eſprit reveſtu,
Se couvre du manteau d'une auſtere Vertu:
Leur cœur qui ſe connoiſt, & qui fuit la lumiere,
S'il ſe mocque de Dieu, craint Tartuffe & Moliere.

 Mais pourquoi ſur ce point ſans raiſon m'écarter?
Grand Roi, c'eſt mon defaut, je ne ſçaurois flatter.
Ie ne ſçai point au Ciel placer un Ridicule,
D'un Nain faire un Atlas, ou d'un laſche un Hercule;
Et ſans ceſſe, en Eſclave à la ſuite des Grands,
A des Dieux ſans vertu prodiguer mon encens.
On ne me verra point, d'une veine forcée,
Meſmes, pour Te loüer, déguiſer ma penſée:
Et quelque grand que ſoit ton Pouvoir ſouverain,

Si mon cœur en ces vers, ne parloit par ma
    main ;
Il n'eſt eſpoir de biens, ni raiſon, ni maxime,
Qui pûſt en ta faveur m'arracher une rime.
  Mais lors que je te voi, d'une ſi noble ardeur,
T'appliquer ſans relaſche aux ſoins de ta Gran-
    deur :
Faire honte à ces Rois, que le travail étonne,
Et qui ſont accablez du faix de leur Couronne.
Quand je voi ta Sageſſe, en ſes juſtes projets,
D'une heureuſe abondance enrichir tes Sujets :
Fouler aux pieds l'orgueil & du Tage & du Tibre :
Nous faire de la mer une campagne libre ;
Et tes braves Guerriers, ſecondant ton grand
    Cœur,
Rendre à l'Aigle éperdu ſa premiere vigueur :
La France ſous tes Loix maiſtriſer la Fortune ;
Et nos Vaiſſeaux domptant l'un & l'autre Nep-
    tune,
Nous aller chercher l'Or, malgré l'Onde & le
    Vent,
Aux lieux où le Soleil le forme en ſe levant.

Alors, sans consulter si Phebus l'en avouë,
Ma Muse toute en feu me prévient & Te louë.
   Mais bientoſt la Raiſon arrivant au ſecours,
Vient d'un ſi beau projet interrompre le cours :
Et me fait concevoir, quelque ardeur qui m'em-
      porte,
Que je n'ai ni le ton, ni la voix aſſez forte.
Auſſi-toſt je m'effraye, & mon eſprit troublé
Laiſſe-là le fardeau dont il eſt accablé :
Et ſans paſſer plus loin, finiſſant mon Ouvrage,
Comme un Pilote en mer, qu'épouvante l'orage,
Dés que le bord paroiſt, ſans ſonger où je ſuis,
Ie me ſauve à la nage, & j'aborde où je puis.

SATIRE VI.

Ui frape l'air, bon Dieu! de ces lugubres cris?
Est-ce donc pour veiller, qu'on se couche à Paris?
Et quel facheux Demon, durant les nuits entieres,
Rassemble ici les Chats de toutes les goutieres?
I'ai beau sauter du lit, plein de trouble & d'effroi,
Ie pense qu'avec eux, tout l'Enfer est chez moi.
L'un miaule en grondant, comme un Tygre en furie;
L'autre roule sa voix, comme un Enfant qui crie.
Ce n'est pas tout encor. Les Souris & les Rats
Semblent, pour m'éveiller, s'entendre avec les Chats :
Plus importuns pour moi, durant la nuit obscure,

SATIRES.

Que jamais, en plein jour, ne fut l'Abbé de P***
  Tout conspire à la fois à troubler mon repos :
Et je me plains ici du moindre de mes maux.
Car à peine les Coqs, commençant leur ramage,
Auront de cris aigus frappé le Voisinage :
Qu'un affreux Serrurier, que le Ciel en couroux,
A fait pour mes pechez, trop voisin de chez-nous,
Avec un fer maudit, qu'à grand bruit il appreste,
De cent coups de marteau me va fendre la teste.
J'entens déja par tout les charettes courir,
Les Maſſons travailler, les boutiques s'ouvrir :
Tandis que dans les airs mille cloches émuës,
D'un funebre concert font retentir les nuës ;
Et se meslant au bruit de la gresle & des vents,
Pour honnorer les Morts, font mourir les vivans.
  Encor je benirois la Bonté souveraine ;
Si le Ciel à ces maux avoit borné ma peine :
Mais si seul en mon lit, je peste avec raison ;
C'est encor pis vingt fois en quittant la maison.
En quelque endroit que j'aille, il faut fendre la
      presse
D'un Peuple d'importuns, qui fourmillent sans
      cesse :

L'un me heurte d'un ais, dont je fuis tout froiffé;
Ie voi d'un autre coup mon chapeau renverfé.
Là d'un Enterrement la funebre ordonnance,
D'un pas lugubre & lent vers l'Eglife s'avance :
Et plus loin, des Laquais l'un l'autre s'agaçans,
Font aboyer les chiens, & jurer les paffans.
Des Paveurs en ce lieu me bouchent le paffage,
Là je trouve une croix de funefte prefage :
Et des Couvreurs grimpez au toit d'une maifon,
En font pleuvoir l'ardoize & la tuile à foizon.
Là fur une charette une poutre branlante
Vient, menaçant de loin la foule qu'elle augmen-
  te :
Six chevaux attelez à ce fardeau pefant,
Ont peine à l'émouvoir fur le pavé gliffant :
D'un Caroffe en paffant, il aeroche une rouë;
Et du choc, le renverfe en un grand tas de bouë:
Quand un autre à l'inftant s'efforçant de paffer,
Dans le mefme embarras fe vient embarraffer :
Vingt Carroffes bien-toft arrivant à la file,
Y font en moins de rien fuivis de plus de
  mille :

         E

Et pour surcroît de maux, un Sort malencon-
   treux
Conduit en cet endroit un grand troupeau de
   bœufs.
Chacun pretend passer : l'un mugit, l'autre jure :
Des Mulets en sonnant augmentent le murmu-
   re :
Au milieu de cent cris poussez confusément,
Dieu, pour se faire ouïr, tonneroit vainement.
   Moi donc, qui dois souvent en certain lieu me
      rendre,
Le jour déja baissant, & qui suis las d'atten-
   dre,
Ne sçachant plus tantost à quel Saint me vouër,
Ie me mets au hazard de me faire rouër.
Ie saute vingt ruisseaux, j'esquive, je me pous-
   se ;
Guenaud sur son cheval, en passant m'éclabou-
   se,
Et n'osant plus paroistre en l'estat où je suis,
Sans songer où je vais je me sauve où je puis.
Tandis que dans un coin, en grondant je m'es-
   suie,   F

Souvent pour m'achever, il survient une Pluie
On diroit que le Ciel qui se fond tout en eau,
Veuille inonder ces lieux d'un deluge nouveau.
Pour traverser la ruë au milieu de l'orage,
Vn ais sur deux pavez, forme un étroit passa-
ge:
Le plus hardi Laquais n'y marche qu'en trem-
blant:
Il faut pourtant passer sur ce pont chancelant,
Et les nombreux Torrens qui tombent des goutie-
res,
Grossissant les ruisseaux, en ont fait des rivie-
res.
I'y passe en trebuchant; mais, malgré l'emba-
ras,
La frayeur de la nuit precipite mes pas.
Car, si-tost que du Soir les ombres pacifiques
D'un double cadenas font fermer les bou-
ques;
Que retiré chez lui, le paisible Marchand
Va revoir ses billets, & compter son argent,
Que dans le Marché-neuf tout est calme & tra-
quille;

Les Voleurs à l'inſtant s'emparent de la Ville.
Le bois le plus funeſte & le moins frequenté,
Eſt au prix de Paris, un lieu de ſeureté.
Malheur donc à celui, qu'une affaire impre-
    veuë
Engage un peu trop tard au détour d'une ruë.
Bientoſt quatre Bandits lui ferrant les coſtez :
La bourſe : il faut ſe rendre : ou bien non, reſiſtez:
Afin que voſtre mort, de tragique memoire,
Des maſſacres fameux aille groſſir l'Hiſtoire.
Pour moi qu'une ombre étonne, accablé de
    ſommeil,
Tous les jours je me couche avecque le Soleil.
Mais en ma chambre, à peine ai-je éteint la lu-
    miere,
Qu'il ne m'eſt plus permis de fermer la paupie-
    re.
Des Filoux effrontez, d'un coup de piſtolet,
Ebranlent ma feneſtre, & percent mon vôler.
J'entens crier par tout, Au meurtre, on m'aſſaſ-
    ſine,
Ou, Le feu vient de prendre à la maiſon voi-
    ſine.   F ij

Tremblant & demi mort, je me leve à ce bruit,
Et souvent sans pourpoint, je cours toute la nuit.
Car le feu, dont la flamme en ondes se déploye,
Fait de nostre carrier une seconde Troye;
Où maint Grec affamé, maint avide Argien,
Au travers des charbons, va piller le Troyen.
Enfin, sous mille crocs la maison abismée,
Entraine aussi le feu, qui se perd en fumée.
Ie me retire donc encor pasle d'effroi ;
Mais le jour est venu, quand je rentre chez moi.
Ie fais pour reposer un effort inutile.
Ce n'est qu'à prix d'argent, qu'on dort en cette
 Ville.
Il faudroit dans l'enclos d'un vaste logement,
Avoir loin de la ruë un autre apartement.
 Paris est pour un Riche, un païs de Coca-
 gne:
Sans sortir de la Ville, il trouve la Campagne:
Il peut dans son jardin tout peuplé d'arbres verds,
Receler le Printemps, au milieu des Hyvers:
Et foulant le parfum de ses plantes fleuries,
Aller entretenir ses douces réveries.

Mais moi, grace au Deſtin, qui n'ai ni feu ni
 lieu,
Ie me loge où je puis, & comme il plaiſt à
 Dieu.

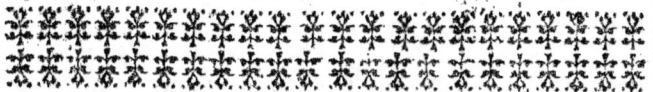

SATIRE VII.

Vs x, changeons de ſtile, & quittons la Satire :
C'eſt un méchant métier que celui de médire.
A l'Auteur qui l'embraſſe, il eſt toûjours fatal.
Le mal qu'on dit d'autrui, ne produit que du mal.
Maint Poëte aveuglé d'une telle manie,
En courant à l'honneur, trouve l'ignominie.
Et tel mot, pour avoir réjoüi le Lecteur,
A couſté bien ſouvent des larmes à l'Auteur.

Vn Eloge ennuyeux, un froid Panegyrique,
Peut pourir à ſon aiſe au fond d'une boutique,
Ne craint point du Public les jugemens divers,
Et n'a pour ennemis que la poudre & les vers.
Mais un Auteur malin, qui rit, & qui fait rire,

Qu'on blâme en le lifant, & pourtant qu'on veut
  lire;
Dans fes plaifans accés, qui fe croit tout permis,
De fes propres Rieurs fe fait des ennemis.
Vn Difcours trop fincere aifément nous outra-
  ge,
Chacun dans ce miroir penfe voir fon vifage:
Et tel, en vous lifant, admire chaque trait,
Qui, dans le fond de l'ame, & vous craint, &
  vous hait.
 Mufe, c'eft donc en vain que la main vous de-
  mange:
S'il faut rimer ici, rimons quelque loüange;
Et cherchons un Heros parmi cet Vnivers,
Digne de noftre encens, & digne de nos vers.
Mais à ce grand effort en vain ie vous anime:
Ie ne puis pour loüer rencontrer une rime.
Dés que j'y veux refver, ma veine eft aux abois:
J'ai beau frotter mon front, j'ai beau mordre mes
  doigts;
Ie ne puis arracher du creux de ma cervelle,
Que des Vers plus forcez que ceux de la Pucelle:

Ie pense estre à la gesne, & pour un tel dessein,
La Plume & le Papier resistent à ma main.
Mais quand il faut railler, j'ai ce que je souhaite;
Alors, certes alors, je me connois Poëte :
Phebus, dés que je parle, est prest à m'exaucer,
Mes mots viennent sans peine, & courent se pla-
    cer.
Faut-il peindre un Frippon fameux dans cette
    ville ?
Ma main, sans que j'y réve, écrira Saumaville.
Faut-il d'un Sot parfait montrer l'original ?
Ma Plume au bout du vers d'abord trouve Saufal.
Ie sens que mon Esprit travaille de genie.
Faut-il d'un froid Rimeur depeindre la manie?
Mes vers, comme un torrent coulent sur le pa-
    pier :
Ie rencontre à la fois Perrin, & Pelletier,
Bardou, Mauroy, Boursaut, Colletet, Titreville,
Et pour un que je veux, j'en trouve plus de mille.
Aussi-tost je triomphe, & ma Muse en secret,
S'estime & s'applaudit du beau coup qu'elle a
    fait.

C'est envain, qu'au milieu de ma fureur extréme,
Ie me fais quelque fois des leçons à moi-mesme.
Envain je veux au moins faire grace à quelqu'un,
Ma Plume auroit regret d'en épargner aucun :
Et fi-toft qu'une fois la verve me domine,
Tout ce qui s'offre à moi paffe par l'étamine.
Le Merite pourtant m'eft toûjours precieux,
Mais tout Fat me déplaift & me bleffe les yeux.
Ie le pourfuis par tout, comme un chien fait fa
      proie,
Et ne le fens jamais, qu'auffi-toft je n'aboie.
Enfin fans perdre temps en de fi vains propos,
Ie fçai coudre une rime au bout de quelques mots :
Souvent j'habille en vers une maligne profe :
C'eft par là que je vaux, fi je vaux quelque chofe.
Ainfi, foit que bien toft, par une dure loi,
La Mort d'un vol affreux vienne fondre fur moi :
Soit que le Ciel me garde un cours long & tran-
      quille,
A Rome, ou dans Paris, aux Champs ou dans la
      Ville,
Deuft ma Mufe par là choquer tout l'Vnivers,

Riche, gueux, ou content, je veux faire des Vers.
 Pauvre Esprit, dira-t-on, que je plains ta folie!
Modere ces bouillons de ta melancolie;
Et garde qu'un de ceux que tu penses blâmer,
N'éteigne dans ton sang cette ardeur de rimer.
 Hé quoi? lors qu'autrefois Horace, aprés Lucile,
Exhaloit en bons mots les vapeurs de sa bile;
Et vangeant la Vertu par des traits éclatans,
Alloit oster le masque aux vices de son temps;
Ou bien quand Iuvenal, de sa mordante plume
Faisant couler des flots de fiel & d'amertume,
Gourmandoit en couroux tout le Peuple Latin;
L'un ou l'autre fit-il une tragique fin?
Et que craindre, aprés tout, d'une fureur si vaine?
Personne ne connoist ni mon nom, ni ma veine:
On ne voit point mes vers, à l'envi de Montreuil,
Grossir impunément les feuillets d'un Recueil.
A peine quelquefois je me force à les lire,
Pour plaire à quelque Ami que charme la Satire;
Qui me flatte peut-estre, & d'un air imposteur,

Rit tout haut de l'Ouvrage, & tout bas de l'Auteur.
Enfin, c'est mon plaisir, je me veux satisfaire,
Ie ne puis bien parler, & ne saurois me taire :
Et dés qu'un mot plaisant vient luire à mon Esprit,
Ie n'ai point de repos qu'il ne soit en écrit.
Ie ne résiste point au torrent qui m'entraine.
  Mais c'est assez parlé. Prenons un peu d'haleine.
Ma main, pour cette fois, commence à se lasser.
Finissons. Mais demain, Muse, à recommencer.